CORAÇÃO ASSOMBRADO!

Descobrindo que não somos tão loucos assim!

Marcos A de Camargo e Silva

@marcosacamargo

Agora você é parte de uma família muito grande. Ainda que falemos de milhares de pessoas nessa terra, gosto de pensar que cada leitor faz parte das minhas experiências. Por isso mesmo quero tratá-lo com amor e respeito, apresentando, sempre, o meu melhor. Este é meu compromisso com Deus e com você.

Capa: @gabrielosantos_

Revisão do português: Evelyn Viriato.

O texto acha-se de acordo com o Novo Acordo Ortográfico da Língua Portuguesa, de 16 de dezembro de 1990, aprovado pelo Decreto n.54, de 18 de abril de 1995. Na maior parte, os textos bíblicos foram extraídos da versão NVT, Nova Versão Transformadora, marca registrada da Tyndale House Publishers, em português, da Editora Mundo Cristão.

Todo conteúdo, pesquisa e citações são de inteira responsabilidade do autor.

É proibida a reprodução total ou parcial sem a autorização por escrito: dptvbr@gmail.com.

@marcosacamargo, 2023.

Distribuição digital. Para consultas, perguntas e outras dúvidas: contate-nos pelo e-mail acima compartilhado.

CORAÇÃO ASSOMBRADO!

Descobrindo que não somos tão loucos assim!

INTRODUÇÃO

Faz muitos anos escutei esta expressão em um culto que participei e agora, após algumas décadas, visitei minhas anotações e não poderia deixar de compartilhar a emoção que tive em relembrar como me senti. Ministrei parte desse conteúdo na Igreja Deus Primeiro, onde tenho tido a honra e privilégio de pastorear. É nesse lugar de Deus que tenho tido uma audiência de ouvidos abertos para que o novo do céu encontre lugar no coração. Obviamente, com a velocidade da tecnologia e internet, outras pessoas também têm tido a oportunidade de escutar algumas de minhas pregações.

Mas, o importante não é que sejam as minhas pregações, pois temos outros pastores e cada um tem a sua parcela de unção na ministração mas sim, que sejam as palavras que as pessoas precisam escutar – mesmo que sejam palavras que não queiram escutar, muitas vezes! Além disso, e depois de todo este tempo, de muitas experiências com o Espírito Santo, de muitos amigos, muitas viagens foram somadas e aqui espero trazer a você pelo menos uma gota da alegria que tenho em colaborar com o crescimento e amadurecimento na fé de meus amados irmãos ao redor desse mundo tão amado por Deus.

Me permita, nessa leitura, ser mais coloquial do que o esperado! Me conceda, por favor, a graça de falar com você como a um amigo chegado e quero, sendo possível, ter a mesma liberdade com você, como tenho com Deus, todas as vezes que me abro pra

Ele, sabendo que Deus é todo ouvidos diante de meus clamores, agonias e intenções. Mesmo escutando coisas que não fazem muito sentido – e vamos ver isso logo abaixo – sabemos que pela Palavra somos cuidados e protegidos, sempre e a qualquer custo.

Uma pergunta eu faço logo a você, e que esta pergunta seja o marco introdutório de nossa conversa mas, sobretudo, que venha logo para aprumar – colocando no nível certo – seus pensamentos alinhados com os pensamentos de Deus. A pergunta é:

- "O que mais deseja dessa vida?".

E, para ajudar nesse início de conversa, quero citar algo que me foi apresentado na manhã em que escrevi esta introdução. Eu havia terminado meu café e sentei-me para escutar um pouco das notícias que nos assolam e muitas vezes nos assustam pois entendo que nem tudo que escutamos é a verdade nua e crua. Minha esposa, Juliana, veio do quarto com aquela carinha de encanto e satisfação. Interrompeu meus pensamentos para expressar algo que não podia mais conter, e começou a ler pra mim:

"Suponha que Deus lhe apresente uma proposta e diga: 'Eu lhe darei qualquer coisa que quiser. Você pode ter o mundo todo. Nada será impossível para você, nada será pecado, nada será proibido. Você nunca morrerá, nunca sentirá dor, jamais terá o que não deseja, e sempre possuirá tudo o que quiser – EXCETO uma coisa: você nunca verá a minha face".

Algo assim pode nos deixar atordoados quando buscamos a real razão de estarmos aqui nesse mundo. Pois sempre, ou em algum momento, que seja, daremos vasão às nossas vontades e desejos. E, com isso quero que focalize seus pensamentos e abra seu coração para que, em algum momento dessa leitura, você possa responder à pergunta que fiz inicialmente.

["Pois que aproveitaria ao homem ganhar todo o mundo e perder a sua alma?"] (Mc.836)

Também interrompi seus pensamentos para deixar este questionamento no seu colo durante toda a leitura do livro que você inicia aqui. Todos temos uma responsabilidade diante de escolhas e vontades que acolhemos. Para que suas opções sejam as melhores possíveis, no entanto, deverá lidar com algumas coisinhas que estão aí dentro de si e ainda não descobriu como lidar e descansar. E, se já sabe o que fazer, ou já ouviu falar, mas ainda tem questões a serem resolvidas por aí, como fazer para que esta escolha se torne transformação santa e decisiva e com manutenção permanente?

TEXTO BASE ESCRITO PELO REI DAVI

Salmo 55.

"Dá ouvidos, ó Deus, à minha oração; não te escondas da minha súplica. Atende-me e responde-me; sinto-me perplexo em minha queixa e ando perturbado, por causa do clamor do inimigo e da opressão do ímpio; pois sobre mim lançam calamidade e furiosamente me hostilizam. ***Estremece-me no peito o coração****, terrores de morte me salteiam;* ***temor e tremor me sobrevêm, e o horror se apodera de mim****. Então, disse eu: quem me dera asas como de pomba! Voaria e acharia pouso. Eis que fugiria para longe e ficaria no deserto. Dar-me-ia pressa em abrigar-me do vendaval e da procela. Destrói, Senhor, e confunde os seus conselhos, porque vejo violência e contenda na cidade. Dia e noite giram nas suas muralhas, e, muros adentro, campeia a perversidade e a malícia; há destruição no meio dela; das suas praças não se apartam a opressão e o engano. Com efeito, não é inimigo que me afronta; se o fosse, eu o suportaria; nem é o que me odeia quem se exalta contra mim, pois dele eu me esconderia; mas és tu, homem meu igual, meu companheiro e meu íntimo amigo. Juntos andávamos, juntos nos entretínhamos e íamos com a multidão à Casa de*

Deus. A morte os assalte, e vivos desçam à cova!
Porque há maldade nas suas moradas e no seu
íntimo. Eu, porém, invocarei a Deus, e o SENHOR
me salvará.”

Quem já não se sentiu assim? Muitas vezes acordamos olhando para os lados e pensando, "e hoje, o que vai acontecer? Para o que vou ter que me preparar?". Ao mesmo tempo, se pensamos em quem escreveu tais palavras, vamos dizer: "Esta pessoa não conhece o graaaaaande Deus!". Sim, podemos pensar dessa forma mas, de quem estamos falando?

O Salmo 55 tem um autor e este é o salmista Davi. Com este choque e vendo que quem escreveu é um dos homens mais respeitados em toda a história de Israel, só dá para crer que tudo isto pode acontecer também com a gente. Sim, pode acontecer com você o que aconteceu com Davi. Você vai reclamar e dizer as mesmas palavras quando seu coração, em algum momento, estiver vazio de fé. O coração de Davi estava assombrado e por isso mesmo ele disse:

"Estremece-me no peito o coração".

Em outras versões,

"o meu coração está acelerado".

E, no original,

"meu coração está palpitando como
uma mulher com dores de parto".

Sensação de que muitas mulheres podem se lembrar de verdade. A angústia e a incerteza muitas vezes batem e não temos para onde correr.

No contexto vimos que Davi, na verdade, estava clamando misericórdia e muito desapontado com a atitude de amigos. Pode até parecer inocente, pois quando lemos a Bíblia em nossa atualidade, já traduzida em várias línguas e com centenas de comentários, fica muito claro que Deus é nossa defesa, a nossa justiça, o guarda bem presente, o fundamento da nossa fé; daí lemos sobre a vida de Davi na Palavra. Qual seria a convicção dela naquela época? Ao ler alguns Salmos, vemos um homem de Deus reclamar como se fosse o choro de uma criança.

No entanto, foi Deus quem escolheu Davi para ser rei e disse: *"Que ele foi um homem segundo o coração de Deus!"*. Mas o coração dele estava assombrado! E, com isso você não pode esquecer que o homem natural, você e eu, medimos a altura, a beleza, o ambiente, enfim, o que podemos ver, enquanto Deus simplesmente mede o coração! Um homem segundo o coração de Deus? Não podemos passar pano e dizer que está tudo bem, nem o julgar e dizer que ele fez mal expressando-se dessa forma, pois estamos falando de um campeão de MMA (Mix Marcial Artes).

Davi lutou no campo para salvaguardar o que havia sido colocado em suas mãos. Matou leão, matou urso, usou o que tinha em mãos e como havia sido treinado. E, mesmo assim, venceu!

- Davi lutou contra sua própria alma e sentimentos quando nem foi lembrado na escolha de quem seria ungido rei de Israel. E, mesmo assim venceu!

- Davi lutou contra as surpresas que vieram de dentro de sua casa, ouviu seus irmãos julgando seus atos de solidariedade quando, a mando de seus pais, foi levar alimento e segurança a eles que estavam em guerra. E, mesmo assim, venceu!

- Davi lutou contra um gigante incircunciso que havia se levantado contra o Deus de Israel, e que para ele, jovem e, aparentemente despreparado, não poderia deixar tal agressão passar e, mesmo assim venceu!

- Davi lutou contra a dúvida, se ele havia sido realmente envidado por Deus para ser rei de uma nação como Israel, pois teve que enfrentar a fúria e o ciúmes de Saul. E, mesmo assim venceu!

- Davi lutou contra as circunstâncias de guerra e seus próprios soldados quase se voltaram contra ele quando chegaram em Ziclague e descobriram que toda a sua casa havia sido violada. E, mesmo assim venceu!

Afinal de contas, como ele conseguiu? E, ainda assim, por que tanta reclamação? No salmo o vemos expressando sua angústia de coração, que fez parecer que Deus não estava lá com ele! Que coração complicado é o do ser humano, pensamos. Mas, já fomos avisados por séculos que "o coração do homem é enganoso" e, por isso mesmo, às vezes se pega assombrado diante das opções que se apresentam.

Se eu pudesse ou tivesse a capacidade de ler seu coração nesse momento – e sabemos que Deus pode – e o chamasse para revelar tudo que está aí dentro, você iria sair correndo, escondendo-se em algum lugar para ninguém saber o que está pensando? Você deve procurar amar a Deus com todo o seu coração, com toda a sua alma e com toda a sua força e, com certeza busca ter uma vida pura. No entanto, seu coração pode estar tão assombrado quanto o de Davi naquele dia em que compôs o cântico.

Não se esqueça que o mesmo que escreveu um Salmo assim (55), escreveu:

- "O Senhor é o meu pastor, de nada terei falta..." (assim ele abre o Sl.23);
- "mesmo que eu andasse pelo vale da sombra da morte, eu não temeria mal algum." (Sl.23.4);
- "Senhor, és um escudo ao meu redor; és minha glória e manténs minha cabeça erguida!" (Sl 3.3);
- "Responde-me quando clamo a ti, ó Deus que me faz justiça." (Sl.4.1);
- "Tu és a minha rocha, minha fortaleza e meu libertador, meu Deus é meu rochedo, em quem encontro proteção" (Sl.18.2);
- Também tem o salmo que focaliza e lida com as dificuldades da vida, e que a ênfase está mais nos perigos que enfrentamos. O autor é anônimo, ainda que alguns acreditem que foi Moisés: "Aquele que habita no abrigo do Altíssimo encontrará descanso à sombra do Todo-Poderoso" (Sl.91.1) – e, além disso, encontraremos outras centenas de escritos de Davi com o devido reconhecimento e entendimento de quem Deus realmente foi na vida dele.

Se você faz um paralelo dos eventos mencionados no Salmo 91 com os dias de hoje, irá descobrir, outra vez, o quanto a Bíblia é atual e tem sempre focalizado sua atenção nas gerações. O autor nos adverte das armadilhas, das pragas mortais, do terror noturno, das setas lançadas e dos leões e serpentes. No entanto, quando olhamos para os nossos dias, podemos colocar os ataques terroristas, dos atiradores de elite – os snippers, dos motoristas embriagados, das doenças como o COVID, e outras cenas contemporâneas que podem ser tão perigosas quanto as que foram apresentadas no Salmo.

Talvez não possamos evitar tais malignidades sendo lançadas contra nossa vida. Mas, de qualquer forma é muito melhor estar guardado e abraçado por Deus em qualquer momento de angústia e dor.

Nem eu, nem você é tão diferente de Davi assim, em especial quando de trata de nossa humanidade e como respondemos diante das situações inusitadas em nosso dia a dia. Quando Davi escreveu as coisas que lemos, muito provavelmente foi o dia ruim dele! Algumas coisas e respostas vão depender daquele momento, do que aconteceu, do inesperado que pegou você despreparado. Somente assim conseguimos perceber o que está se passando dentro de alguém. E, esta é a realidade. Que todo coração vai precisar ser corrigido, sempre! Assim como fazemos manutenção nos equipamentos ou nos relacionamentos que compartilhamos, esta peça chamada coração vai precisar de nossa atenção até o final. Seja pelo aspecto físico, que já estamos mais cientes em cuidar bem, como também no lado emocional e relacional.

Veja que, mesmo nas primeiras afirmações ou se chamarmos de reclamações, Davi era a mesma pessoa de sempre. Tinha o mesmo coração, cria no mesmo Deus, nas mesmas promessas e tinha o mesmo chamado de líder, o qual exerceu com muita nobreza na maior parte do tempo. Mas, buscava e desenvolvia o 'santo' em uma mão, e o 'assombrado' na outra. Não queira se enganar e não permita que seus ouvidos sejam preenchidos com falácias a respeito desse assunto tão crucial para o bem-estar de toda uma vida.

Enquanto você lê este texto tem a chance de pensar aí, dentro de si. Ninguém irá julgá-lo e sei que somente assim você poderá falar o que verdadeiramente acontece. Mesmo assim, espero que seja verdadeiro consigo com respeito a pergunta que eu quero fazer: - O que tem assombrado o seu coração? Quando acorda, antes de se deitar, ou agora, nesse momento?

A RAZÃO DESSE LIVRO TER SIDO ESCRITO

Toda vez que encontro uma oportunidade de ajudar alguém, sendo dentro das minhas possiblidades – com sacrifício ou não – me permito agir até que eu tenha atingido meus alvos na questão em que me propus. Dessa vez não será diferente. Quero ajudar você a responder algumas de suas perguntas mais pessoais, para si mesmo, é verdade, mas que poderá expor de forma clara e bela, aquilo que precisa sair de você e nunca mais voltar. Por isso penso que posso ajudá-lo!

É bem possível que, mesmo sem perceber, tenha entrado num estado de negação com respeito a questões que te assombram todos os dias, ou em algum momento de seu cotidiano. É claro, ninguém quer admitir que sofre algum medo, que tem algumas dúvidas ou que não lida bem com questões que, para outros sejam mais simples do que pensa.

Para pessoas mais antigas, como eu, vamos nos lembrar de nossas visitas a parques de diversões, onde tínhamos poucas escolhas mas, mesmo assim, nos divertíamos. O meu favorito era o carro bate-bate. Com sangue nos olhos eu pegava na direção do carrinho, acelerava e não me constrangia nas trombadas divertidas que causava. Mas, também, naqueles parques, havia as

Casas Mal-assombradas. Sentávamo-nos no carrinho com nossos pais e tanto nós, quanto eles nos assustávamos a cada curva, sem saber o que nos esperava. Ainda que os brinquedos e surpresas fossem fisicamente inofensivos, nossa alma e lembranças ainda nos fazem retornar àquele tempo, porque a surpresa daqueles caminhos dentro das casas mal-assombradas marcaram nossa lembrança e não permitem que esqueçamos os pequenos ou grandes sustos que tivemos.

Mas, se olhamos por outra perspectiva, e se tivéssemos um mapa de cada uma dessas casas, antes de entrarmos? E se fosse a nossa segunda volta seguida na mesma casa-mal-assombrada? Certamente saberíamos o que nos esperava em cada curva, e aquele boneco com uma serra, e aquela velha malvestida e toda pintada, sem contar que o áudio alto e barulhento já não causaria tanta dor ou pavor, não é verdade? Quando você expõe o fator surpresa, consequentemente retira o fator susto. E toda a assombração esperada não ganha força. Assim é e deveria acontecer com as artimanhas que nos esperam nas curvas da vida, protagonizadas pelas intempéries do tempo, nos relacionamentos, e nas circunstâncias que enfrentamos a cada momento.

O pavor, o susto, o assombro nada mais é, em nossa vida, do que uma máscara que colocamos toda vez que nos deparamos com fatos inesperados; com expectativas falsas que alimentamos a alma, visualizando, na maioria das vezes, algo que nem aconteceu, mas que, assustadoramente, experimentamos – e alimentamos no coração – como se já houvesse ocorrido, o que nos amargura completamente. As pessoas se sentem traídas, sem terem sido traídas. As pessoas lamentam o fim de um relacionamento que a outra envolvida nem sabia que estava dentro de um roteiro insano. E, assim os julgamentos dos outros e de si mesmo se proliferam com toda a força, até que o coração que poderia ser mantido sadio, fique doente – assombrado por aquilo que foi imaginado, muito bem formatado, a ponto de se achar que é verdade.

CINCO FANTASMAS QUE PERSEGUEM O CORAÇÃO

As máscaras de um coração assombrado dão espaço para este tipo de imaginação e podem representar um personagem diferente a cada momento de angústia, de incerteza ou dúvida. É claro que pode haver um fato verdadeiro em que se pode fundamentar o assombro, outra coisa é reescrever o fato diante daquilo que EU vejo, penso, imagino, determino. Os assombros ficam alojados no coração esperando o momento certo para causar a surpresa. Por isso perguntei,

"O que assombra o seu coração?".

O mapa que mostra os caminhos e as surpresas, a Palavra de Deus, vão ajudar expor tais tentativas, para comunicar e instruir suas reações com antecipação e solidez de pensamentos.

Davi – como devemos ser também – foi honesto para dizer tudo que disse!

"O meu coração está tomado de terror."

O rei Davi disse isso, o autor de centenas de cânticos que exaltavam o nome do Senhor Deus de Israel, a quem ele servia fielmente em todo o tempo. E, o que pode estar acumulando seus pensamentos e tomando a sua alma e coração podem ser pelo menos cinco fantasminhas que eu gostaria de expor aqui.

CULPA

Trabalhei mais de 16 anos com um grande amigo, o Dr. Don Lynch, mestre em Grego e Hebraico, e com ele viajamos por toda a nação brasileira buscando ajudar e reconstruir nas pessoas o entendimento de que todo coração pode ser saudável em todo o tempo. Mas, ele foi muito forte nesse assunto, quando se tratava da culpa. Ele dizia sempre: "Nem sua mamãe, nem seu papai sabiam quando, exatamente, você foi gerado no ventre de sua mãe, mas Deus sabia. Ele estava lá desde o início. Ele soprou a vida em você, por isso mesmo, ninguém mais do que Deus te ama".

O que você fez ou não, o que alguém em sua casa tenha feito ou o que alguém, conhecido ou não já fez contigo, não é motivo para você caminhar por toda a vida sentindo-se culpado. A entrega de coração para aquele que te ama de verdade, mais do que qualquer pessoa, é que vai valer.

DESESPERANÇA

Até aqui temos falado de um homem que disse,

"não encontro esperança no meu coração",

mas que, caindo em si e voltado para seu estado normal de confiança, disse,

"minha esperança está no Senhor!".

Nenhuma pessoa deve jamais vestir um peso além daquele que pode sustentar. É muito normal, em qualquer parte desse mundo, olhar para uma situação e não ver – ou ter – qualquer esperança de que vai dar certo, como esperado. Você vai sempre ter a chance de sair como vencedor, mesmo em situações em que a falta de esperança o sobrepujou por vezes, em momentos que apesar de suas forças e vontades, a coisa deu errado. Bom saber que do outro lado, quando atravessamos o rio que nos separa de ver algo maior, tem Deus, que nos levanta e abraça, daí, Ele mesmo nos empurra para correr novamente.

OFENSA

Um coração assombrado é um coração acumulador de ofensas, que não faz forças para esquecer aquilo que o afetou, viciado e treinado para guardar o lixo que deveria ser queimado – lixo de si mesmo e dos outros. Seja quando criança, nos momentos de necessidades ou de proteção, se a mamãe não estava lá no momento de maior necessidade; se o papai não te protegeu contra a agressão daquela pessoa; daquele sócio que inicialmente parecia seu melhor amigo, mas o traiu e o deixou na rua, sem lenço nem documento. E você teve que se levantar sozinho para reconstruir novamente o que havia perdido; pode ter sido uma experiência com seu irmão ou irmã ou aquele lugar que te traz ira, pois não te reconheceram como devia.

Uma coisa que busco viver é que, ofensa não se leva para

casa. Isto não quer dizer que tenho que pagar ofensa com ofensa. Mas, que, se minha casa está limpa, não justifica eu levar lixo de fora para dentro. Isso serve para o coração. Minhas escolhas e meus caminhos irão ditar o que devo e quero guardar. Uma pessoa poderá desenvolver-se como um acumulador contumaz ou como um matador de pragas. São apenas escolhas na vida que nos fazem mais complicados ou transformados.

TRISTEZA

Sempre gosto de recordar – e repito pra mim mesmo – que Jesus é minha alegria. Um filho de Deus pode ter seu coração assombrado, mas não deve viver assombrado. Nosso status de filhos – é o poder de sermos chamados filhos de Deus – não combina com uma carinha triste, ofendida, sem esperança ou carregando culpa. Também não combina com alguém que tem uma vida complicada e tem que usar uma máscara para se apresentar diferente de como está. Vamos ter nosso momento de choro, e pode durar toda uma 'noite', mas logo percebemos, assim como Davi nos mostrou que, sem Deus e sem os preceitos estabelecidos por Jesus, não teremos sucesso de crescer como ser humano. Mas, no avesso dos caminhos dessa sociedade moderna, com Deus e seguindo os preceitos de Cristo, nossa alegria será completa. Ainda que tudo ao nosso redor desmorone, a tristeza não vai durar. Logo o amanhecer se apresenta e a alegria retorna como sempre deveria estar.

AMEAÇA

Olha o que Davi declarou,

"O barulho do inimigo me perturba".

Preste atenção a esta declaração, em especial a palavra 'barulho'. Seu coração pode estar sofrendo com a falta de silêncio ou com uma ausência de ordem. Sejam por questões ideológicas, políticas, religiosas ou sociais. Todo este motim pode causar ameaça pelo tumulto ou pela surpresa, pois a ameaça bagunça o que está no ritmo certo. Ameaça aparece para nos tirar a ordem que estamos acostumados e por isso somos desafiados.

Assim, tantas vezes, o barulho é somente barulho. É parecido com o cão que late de madrugada, os ônibus que iniciam seus trabalhos mais cedo do que pretendemos e temos que ouvi-los passando. Isto ameaça o sono, assim como o barulho do fracasso, o medo de não vingar na carreira ou pensar que alguém pode não gostar de mim ou que vai me desamparar. Tudo pode ser apenas barulho. Se não se distrair com tantos alardes, certamente sobrará tempo e cabeça para lidar com aquilo que é realidade e certeza.

Estes fantasminhas, a culpa, a desesperança, a ofensa, tristeza e ameaça ficam guardados no coração, sempre aguardando no tempo a oportunidade para assombrar os desavisados. Mas, lembre-se, é somente sombra.

TESTANDO SUA TEOLOGIA

Temos a mania – errada, diga-se de passagem – de crer que Jesus já fez tudo e não justifica mais ter tais fantasminhas no coração. Concordo! Mas, por favor, não me venha dizer e afirmar que no dia que aceitou Jesus como Senhor e Salvador de sua alma, do seu coração e do seu espírito tudo isso saiu e nunca mais voltou. Você nunca mais teve culpa, sua esperança entrou e nunca mais saiu, seu emocional ficou tão equilibrado que nem as ofensas e ameaças o perturbam mais e, sua vida é só alegria. Está tudo dominado!

Podemos até concordar que teologicamente isso pode ser um pouco controverso, e você pode rapidamente se lembrar de um versículo que diz:

"Pois, se alguém está em Cristo, nova criatura é, tudo se fez novo".

É verdade! Sim, em Cristo você ganha um novo coração e, com esse pacote abençoador, adquire uma nova capacidade para amar! Isto também não significa que todos os "moradores" – no caso, os fantasmas do seu coração – irão sair imediatamente. Quem garante que não tem mais nada?

O fato é que uma vez crente no Senhor Jesus, é a sua capacidade, ousadia e autoridade que lhe dão o direito de declarar e viver sem os tais moradores. Se você diz que não é assim, então, parabéns. Deve ser muito bom em esconder seus sentimentos. Mas são sentimentos que estão bem vivos aí e escondidos somente dos outros, mas não de si mesmo e muito menos de Deus, que olha sempre, e em primeiro lugar, o seu coração.

Bom lembrar que Jesus nos deu uma dica,

"No mundo tereis aflições!".

Com a dica veio também o antídoto para a vitória,

"...contudo tenham ânimo! Eu venci o mundo". (Jo.16.33).

Conheço pessoas em todos os lugares, dentro e fora de igrejas, das mais tradicionais às mais pentecostais que ainda, infelizmente, convivem com os assombros nos quartos, toda noite que descansam suas cabeças nos travesseiros. Ao deitar sempre é bom investigar o coração para discernir os fantasmas e mandá-los embora. Estamos aprendendo a lidar de forma diferente, mas eficientemente e vamos caçá-los, um a um, até ser dia feliz!

Veja bem, quando Davi fugia de seu próprio filho, Absalão, e seus inimigos zombavam dele e duvidavam que o Senhor poderia livrá-lo, o próprio Davi teve a impressão de que sua oração não seria atendida. No entanto, veja a declaração que fez:

"Deitei-me e dormi; acordei em segurança, pois
o Senhor me guardava. Não tenho medo de
dez mil inimigos que me cercam de todos os

lados." (Sl.3.5-6).

Não apenas cantou, Davi viveu o que escreveu. Preciso falar assim, pois muitos – em especial os que sabem esconder muito bem!!! – acham que é apenas cantar, "Vamos adorar a Deus... Vamos adorar a Deus" e tudo some, como num passe de mágica. No entanto, o Espírito Santo que busca 'tabernacular' dentro de cada pessoa não precisa disso. Se há ainda alguma dúvida ou se você diz, "isso não acontece comigo", por que, então, ainda se lembra das coisas ruins que aconteceram ou que você mesmo praticou quando tinha apenas 7, 10, 15 ou mais anos de idade? Pode ter sido ontem, ou hoje! Primeiro, é porque o Espírito Santo o faz lembrar para acabar logo com isso; em segundo lugar, para deflagrar uma estratégia do inimigo que pode ter sido lançada para te aprisionar emocionalmente para ser confrontada e vencida, uma vez por todas.

O que tem assombrado o seu coração? Se você é assíduo nos cultos de sua igreja, entrega seus dízimos, oferta na vida dos outros, canta, ora, mas o coração ainda está assombrado, talvez esteja como Davi, que quis fugir daquela situação,

> "Quem dera eu tivesse asas como a pomba; voaria até encontrar repouso! Sim, eu fugiria para bem longe, e no deserto eu teria o meu abrigo".

A verdade é que não dá para fugir de algo que está dentro de nós. Para onde seguir?

Se mudar de relacionamentos, eles me acompanham. Se é o trabalho, a cidade, as pessoas, nada vai mudar porque vale o que está dentro de mim. É o que muitos chamam de mentalidade de fuga. Se pensar assim, sempre será mais fácil escapar e fugir para onde vai ser mais confortável – mas é fuga temporária. Temporária, pois ao contrário de trabalhar e investigar o coração, a tendência será viver pelo que pensa e pelo que acha mais fácil fazer, só porque tem algum medo de lidar com a situação.

Entendo a dificuldade. Como falamos, se não é surpresa, o susto não existirá. Você poderá fugir de uma bomba atômica, poderá impedir uma pessoa de agir mal contra você, mas se o coração estiver assombrado, este inimigo está dentro de você e precisa ser lidado e expulso. O medo que a pessoa tem deve ser lidado com eficácia, pelo elemento da surpresa – ou a falta dela.

Chegou o momento em que posso dizer que sou mais esperto que minha mulher. Não na inteligência e intelectualidade, nas virtudes, muito menos na beleza ou na forma de tratar as pessoas. Mas, se estamos na sala assistindo a um filme, posso dar luz ao elemento surpresa e assustá-la de modo que ela caia todas as vezes. Apesar de me divertir com o susto dela, sempre saio perdendo pois as unhas encontram um braço – o meu – para aliviar o pavor da surpresa. Maridos, não tentem isto em casa. Melhor entrar quieto, assistir seu filme e comer pipoca, mas não interrompa quando sua mulher estiver concentrada em algo mais.

Vou repetir, a razão pela qual algumas coisas ainda te assustam é porque ainda te pegam de surpresa. A questão é que estamos, cada vez mais, desvendando o que está oculto.

XEQUE-MATE

Se você, hoje, visitar o museu Louvre, em Paris, na França, poderá entrar na sala que abriga uma pintura muito famosa, de Moritz Retzsch; e a pintura data do ano de 1799. Mais fácil, para ter uma boa ideia do que estou falando é buscar na internet e visualizar esta obra, intitulada *Checkmate, by Morits Retzsch*. Também aconselho, se nunca jogou xadrez, pesquisar um pouco como as peças caminham no tabuleiro.

O pintor busca contar uma história com seu quadro. São dois protagonistas distintos, um à frente do outro. De um lado o diabo, com aparência confiante e determinada. Parece resolvido e satisfeito com o resultado. Do outro lado, um homem bem pensativo, que passa a ideia de que tudo está perdido. Sua alma parece estar em risco, enquanto no meio, um anjo observa com uma face sóbria e calma. Podemos dizer e concordar que à mesa, o tabuleiro de xadrez representa na vida, nossas lutas, vitórias e derrotas, correção de curso, conquistas etc.

Dizem que numa visita ao Louvre, um grupo olhava a pintura, enquanto o guia lhes explicava em detalhes de como lhe parecia ser a forma como o Xeque-mate foi dado. O grupo saiu para a próxima sala para observar o próximo quadro. Um ficou! Este havia se tornado campeão mundial de xadrez e ficou intrigado com o que viu nas peças do tabuleiro. O guia retornou e o campeão continuava ali, estudando os movimentos que deram o nome ao quadro. Observando atentamente, ele viu o que muitos não tinham percebido até aquele dia, disse ao guia, "**Tem mais uma jogada!**". Ele descobre que a situação tem esperança para o homem que parecia perder a partida. Pelo contrário, a partida não estava ganha, não era xeque-mate, e, ele disse: "Tem mais uma jogada! Daí, então vem o xeque-mate!".

De vez em quando é exatamente assim que nos sentimos; grudados contra a parede. Sem movimentos, sem saída, prontos para desistir e entregar a luta. No coração você pode dizer, "Perdi, foi xeque-mate, não dá mais!". Quando este momento chegar, na próxima vez, lembre-se que, com DEUS, sempre haverá mais uma jogada. O Rei tem mais uma jogada para você.

A única maneira de descobrir a boa jogada é olhar por uma perspectiva diferente e não acreditar no barulho daquilo que parece ser. Qual é a saída? Tenho mais uma jogada? Qual é o plano que devo seguir para mudar o que parece fatal? Este tipo de exposição é necessário para que nosso coração se alinhe com o coração de Deus e o que Ele realmente espera que nossos passos demonstrem.

As pessoas oram como se estivessem indo ao mercado. Levam suas listas, escolhem seus produtos, observam o que vai dar, qual é o desconto, o que é mais barato, muitas vezes sem dar conta da qualidade. Eu preciso disso, preciso daquilo, disso e disso. Mas, se não têm respostas, o mais certo é que vão culpar alguém! "Deus não respondeu minha oração!".

É só uma questão de tempo com Deus, de ter um relacionamento mais real com Ele para entender a profundidade do que é, verdadeiramente, a salvação que recebeu em Cristo, no dia que Ele aceitou você – não é o inverso!

"O HOMEM NAQUELA CRUZ DO MEIO!"

Imagine comigo o que aconteceu no céu quando o ladrão da cruz chegou lá. Ele não teve tempo para estudar as escrituras da época para descobrir quem era, de verdade, o homem que estava ao seu lado. Muito provavelmente ele o conhecia de ouvir falar ou por ter assistido alguma das reuniões em que Jesus foi o orador. Mas, no final das contas, ele chegou lá no mesmo dia que ouviu a palavra profética ditada pelo Mestre que estava ali, também sendo crucificado, sofrendo dores, já havia sido esculachado pelas pessoas no caminho até a cruz. O coração de Jesus poderia estar bem distraído com os assombrados fantasminhas que atormentavam, com certeza, os dois malfeitores ao lado de Jesus. Mas o foco dele estava no seu projeto de vida – que sempre foi o de cuidar das pessoas com o que Ele tinha para dar.

Tão importante quanto ir para o céu e se encontrar com os anjos que o recepcionaram, deve ter sido a surpresa daquele homem ao chegar lá. Imagine a atmosfera celestial. Todos os anjos, arcanjos e querubins a postos, com foco pleno naquilo que seria o maior acontecimento de todos os tempos, desde a criação. Jesus finalizando seu trabalho na Terra, cumprindo tudo que precisaria para deixar seu inimigo sem qualquer argumento contrário quanto ao preço do resgate. Toda a história da terra estava sendo estabelecida em poucos minutos para toda a eternidade e a atenção de Jesus, em meio a toda esta responsabilidade, foi a de levar mais um consigo para o reino de Deus.

Imagine também quando, finalmente, a ficha do inimigo caiu nessa situação. Ele, fazendo tudo para acabar com Jesus, usando os próprios judeus para iludi-los com a mensagem de que Cristo não era verdadeiramente o Messias que esperaram por séculos. E, quando chegou foi maltratado, mal-entendido, desmerecido e colocado à morte e morte de cruz, a mais cruel entre as práticas da época. O diabo, deve ter sido iludido pelos seus próprios fantasminhas, achando que o barulho que estava fazendo seria o certo. No entanto, assim que Cristo morreu lá na cruz, a ficha caiu e o inferno entrou em tanta agonia que imagino – e eu estou só achando isto – que o número de anjos que seguiam a satanás deve ter baixado, descobrindo que também haviam sido enganados pelo falso mestre.

Quando você se encontrar no reino de Deus, em algum momento poderá, também, afirmar,

"O homem naquela cruz do meio, me disse que posso entrar!..."

Esta é a única resposta!

Você deve pregar este Evangelho para si mesmo todos os dias. Pois, não será pela experiência, pelo conhecimento ou pelos seus recursos que alcançará o galardão que nos é proposto. Terá que ser aprovado, e convidado pelo homem chamado, Jesus. E, aqui tem uma questão que muitas vezes não recebe o valor necessário. Você pode até me dizer que já tem a salvação, que reconhece Jesus como seu salvador. Então, ao que tudo indica, você conhece Jesus, está salvo! O que, no entanto, não temos visto, ou melhor, a sociedade não tem encontrado é a resposta da pergunta a seguir: "Então, você vive Jesus?".

Uma tradução de um texto que fiz do grande evangelista Billy Grahan, ilustra bem este ponto. Ele disse, "**Quanto mais perto você está de Cristo, mais pecador vai descobrir que é! O fato de se sentir que é pecador e sentir-se culpado é um sinal de Vida espiritual**". Em outras palavras, ninguém poderá dizer que estará com Jesus na eternidade sem o sinal de arrependimento.

"EU PORÉM, INVOCAREI A DEUS, E O SENHOR ME SALVARÁ"

"Eu porém..."

Foi o que Davi decidiu dizer após vinte e tantos versículos. Ele estava dizendo para aqueles que o atormentavam que ele os reconhecia, que não era mais surpresa e que estava na hora de eles seguirem os seus caminhos, para longe dele. Ele deve ter se levantado nessa hora e pedido para outra pessoa tocar seu instrumento. Ele chamou a culpa, a falta de esperança, a ofensa, a tristeza e a ameaça para dizer,

> "Eu tenho algo para vocês. Na realidade os vejo me perseguindo, e eu até queria fugir e escapar, ah se eu tivesse asas para voar, mas... 'Eu porém, invocarei a Deus, e o Senhor me salvará!'".

Hoje usamos os nossos celulares digitais, com revelação imediata e com multiplicadas chances de tirar aquela foto ideal. Infelizmente nós nem conseguimos aproveitar os momentos de alegria pois, enquanto algo acontece, estamos muito ocupados tirando fotos – deixamos de aproveitar a foto maior para, depois, olhar para um retângulo de poucos centímetros. Antigamente o negócio era bem diferente. As câmeras só funcionavam com os filmes de 36mm, fabricados com uma tecnologia que usava até mesmo partículas de prata, e comprávamos filmes que limitavam o número de fotos que podíamos tirar, de 12, 24 ou 36; e para otimizar, cada foto era muito bem trabalhada, também para economizar nos filmes que custavam caro.

Ainda como estudante na Oral Roberts University, e aluno nas aulas de fotografia, me lembro que por várias horas da minha semana eu entrava em meu quarto improvisado – que havia montado embaixo de uma escada – para revelar meus trabalhos de fotografia. E, nesse momento em que falamos de fantasmas e de nos livrar deles, me lembro bem dos passos e processos necessários para revelar cada filme que eu trabalhava. Uma das coisas que me lembro muito bem é que toda a revelação daquilo que ainda estava escondido e precisava ser revelado, acontecia no escuro da minha sala de revelação.

E, pensando bem, é assim mesmo que acontece com a gente. Nossos fantasmas ficam no escuro, ainda é surpresa, tomamos coragem de passar pelo processo necessário para que nossos fantasmas que ainda se escondem sejam expostos à luz. O processo, no entanto, precisava acontecer da forma correta para que cada detalhe fosse revelado e, ao acender da luz, as manchas não aparecessem mais. O que acontece se a 'Casa Mal-assombrada' estiver com todas as luzes acesas? Acaba a surpresa e o medo vai embora. E, no coração também!

Mas, não acontece de qualquer jeito. Mesmo no escuro de nossa vida, a luz do Espírito é o agente fundamental para que todo detalhe seja colocado diante dos olhos da purificação e santificação. Assim como na revelação dos filmes, que acabava com um banho de água pura, nosso coração deve passar por esse batismo das águas do Espírito que atestam a vitória da limpeza – que chamamos de santificação.

O QUARTO ESCURO

O rei Davi não tinhas as armas, muito menos a tecnologia que temos hoje. Os dicionários, as Bíblias com comentários cobertos de detalhes da história do momento, os dicionários que explicam cada palavra, os drones para observar seus inimigos e se preparar para o ataque ou defesa. Ele não tinha a facilidade que temos hoje para descobrir as coisas e conhecer rapidamente o que ainda é desconhecido. Davi nem imaginava o que poderia ser a Inteligência Artificial que, numa velocidade incrível, apresenta respostas às nossas perguntas, por mais difíceis ou complicadas que sejam – aliás, nem qualquer um de nós, se voltarmos uns 20 anos atrás. Mas, Davi tinha um relacionamento com Deus que o fazia refletir numa velocidade mais rápida que a da luz, a velocidade do Espírito que estava nele. E, para retirar de você a surpresa, esta presença, e na mesma velocidade que atingiu o coração de Davi, está aqui hoje para retirar o medo e substituir pela coragem e autoridade que expulsa o mais tirano dos fantasmas que te assolam.

No Salmo 27 explica:

"O Senhor é a minha luz e minha salvação!".

Você pode não ter asas para voar, ou poder humano para escapar dos assombros que ainda estão por aí, mas tem a luz que expõe e revela, que retira a surpresa do medo. É o que Davi estava dizendo: Estou te vendo! Estou te vendo, Deus, pelo que o Senhor realmente é! Tudo que estava escondido agora fica exposto pela presença de Deus.

O medo, a dúvida, a incerteza, a culpa, a dor, e o que mais estava lá te mantendo cativo tem que abrir espaço para a graça, que vem para retirar toda a máscara. Deus entra na escuridão do nosso coração, pelo Espírito Santo, e traz a revelação daquilo que Ele quer ver. Paralelamente é nesse momento que bate o arrependimento no coração, assim como lemos em Salmos,

> "Sonda-me, ó Deus, e conhece o meu coração, prova-me e conhece os meus pensamentos; vê se há em mim algum caminho mau e guia-me pelo caminho eterno" (Sl.139.24).

FAÇA TAMBÉM A SUA DECLARAÇÃO

"Quanto mim, porém, confio em Ti!".

Sim, você pode até reencontrar alguns desses fantasmas teimosos em sua vida. Podem até mesmo estar por aí sem que os veja, mas, seja como for, eles não o têm. Estão por aí, mas não te assustam. Estão por aí, mas não podem mais ameaçar porque já foram expostos. Você tem forças para dizer, "vou te resistir e você terá que fugir". Estamos aqui, buscando os exemplos deste homem corajoso, mas Davi precisou ser confrontado quando foi exposto a fraqueza de seu coração, quando cobiçou a esposa de Urias e com ela "caiu em pecado". Aquele fantasma se levantou e o deixou quase que completamente indefeso. Em seu desespero inicial quis ter asas para sumir desse estado emocional.

Uso aqui as palavras de um amigo escritor, Antenor de Assis (autor de, A Morte Cai na Gandaia, Editado pela Willem Books Editora), que nos lembra de algo maravilhoso, quando diz: "A essência do Evangelho é Jesus Cristo; e a essência do cristão é a santidade". Para nós, o que pegou Davi de surpresa, serve de aviso, uma advertência que deve ser levada a sério.

"Mas os que esperam no Senhor renovam as suas forças, sobem com asas como águias, correm e não se cansam, caminham e não se fatigam." (Is.40.31).

Tais asas retiram você da altitude do inimigo e, nesse novo nível, sobrevoa e olha por outra perspectiva:

A perspectiva do vencedor!

www.ingramcontent.com/pod-product-compliance
Lightning Source LLC
Chambersburg PA
CBHW070750260726
48660CB00007B/3051

9 798865 642589